Fire Trucks ✲
Camiones de bomberos

By/Por NADIA HIGGINS

Illustrated by/Ilustrado por SR. SÁNCHEZ

Music by/Música por SALSANA MUSIC

CANTATA
LEARNING

WWW.CANTATALEARNING.COM

CANTATA
LEARNING

Published by Cantata Learning
1710 Roe Crest Drive
North Mankato, MN 56003
www.cantatalearning.com

Library of Congress Cataloging-in-Publication Data
Names: Higgins, Nadia, author. | Sanchez, Sr., 1973– illustrator. | Higgins,
    Nadia. Fire trucks. | Higgins, Nadia. Fire trucks. Spanish. | Salsana
    Music, composer.
Title: Fire trucks / by Nadia Higgins ; illustrated by Sr. Sanchez ; music by
    Salsana Music = Camiones de bomberos / por Nadia Higgins ; ilustrado por
    Sr. Sanchez ; musica por Salsana Music.
Other titles: Camiones de bomberos
Description: North Mankato, MN : Cantata Learning, [2019] | Series: Machines!
    = Las maquinas! | Includes bibliographical references. | Audience: Ages
    6–7. | Audience: Grades K to 3. | English and Spanish.
Identifiers: LCCN 2018026148 (print) | LCCN 2018028967 (ebook) | ISBN
    9781684103591 (eBook) | ISBN 9781684103393 (hardcover) | ISBN
    9781684103751 (pbk.)
Subjects: LCSH: Fire engines--Juvenile literature. | Fire
    extinction--Juvenile literature.
Classification: LCC TH9372 (ebook) | LCC TH9372 .H54 2019 (print) | DDC
    628.9/259--dc23
LC record available at https://lccn.loc.gov/2018026148

Book design and art direction: Tim Palin Creative
Production assistance: Shawn Biner
Editorial direction: Kellie M. Hultgren
Music direction: Elizabeth Draper
Music arranged and produced by Salsana Music

Printed in the United States of America.
0397

ACCESS THE MUSIC!

SCAN CODE WITH MOBILE APP

CANTATALEARNING.COM

TIPS TO SUPPORT LITERACY AT HOME

Daily reading and singing with your child are fun and easy ways to build early literacy and language development.

USING CANTATA LEARNING BOOKS AND SONGS DURING YOUR DAILY STORY TIME

1. As you sing and read, point out the different words on the page that rhyme.

2. Memorize simple rhymes such as Itsy Bitsy Spider and sing them together.

3. Use the critical thinking questions in the back of each book to guide your singing and storytelling.

4. Follow the notes and words in the included sheet music with your child while you listen to the song.

5. Access music by scanning the QR code on each Cantata book. You can also stream or download the music for free to your computer, smartphone, or mobile device.

Devoting time to daily reading shows that you are available for your child. Together, you are building language, literacy, and listening skills.

Have fun reading and singing!

CONSEJOS PARA APOYAR LA ALFABETIZACIÓN EN EL HOGAR

Leer y cantar diariamente con su hijo son maneras divertidas y fáciles de promover la alfabetización temprana y el desarrollo del lenguaje.

USO DE LIBROS Y CANCIONES DE CANTATA DURANTE SU TIEMPO DIARIO DE LECTURA DE CUENTOS

1. Mientras canta y lee, señale las diferentes palabras en la página que riman.

2. Memorice rimas simples como Itsy Bitsy Spider y cántenlas juntos.

3. Use las preguntas críticas para pensar en la parte posterior de cada libro para guiar su canto y relato del cuento.

4. Siga las notas y las palabras en la partitura de música incluida con su hijo mientras escuchan la canción.

5. Acceda la música al escanear el código QR en cada libro de Cantata. Además, puede transmitir o bajar la música gratuitamente a su computadora, teléfono inteligente o dispositivo móvil.

Dedicar tiempo a la lectura diaria muestra que usted está disponible para su hijo. Juntos, están desarrollando el lenguaje, la alfabetización y destrezas de comprensión auditiva.

¡Diviértanse leyendo y cantando!

Wee-ooo! Wee-ooo! **Sirens** blare. Lights flash. A fire truck rushes to a burning building. This shiny red truck carries heavy **hoses**. It has **ladders** that reach up high. A fire truck helps firefighters do their jobs.

Are you ready to learn more about fire trucks? Turn the page and sing along!

¡*Niinoo!* ¡*Niinoo!* Resuenan las **sirenas**. Las luces destellan. Un camión de bomberos se apresura hacia un edificio en llamas. Este camión rojo brillante lleva **mangueras** pesadas. Tiene **escaleras** que se extienden muy altas. Un camión de bomberos ayuda a los bomberos a hacer sus trabajos.

¿Estás listo para aprender más sobre los camiones de bomberos? Da vuelta la página y ¡canta la canción!

There's a fire! Call 9-1-1.

Firefighters slide down the **pole**.

Off they go to fight the flames.

Fire trucks, it's time to roll!

¡Hay un incendio! Llama al 9-1-1.

Por el **poste** los bomberos bajan.

En carrera para combatir las llamas.

¡Camión de bomberos, qué rápido viajas!

Hurry, hurry, fire trucks!
Everybody clear the way.
Wee-ooo! Wee-ooo! Honk! Honk!
Fire trucks will save the day!

¡Vamos, camión de bomberos!

Todos despejen las vías.

¡Niinoo! ¡Niinoo! ¡Piii! ¡Piii!

¡El camión de bomberos salvará el día!

Roll out hoses quickly now.

Start the water right away.

Hold on steady. Hold on strong.

Those hoses shoot a mighty spray.

10

Rueden la manguera rápidamente.

Prendan el agua enseguida.

Agárrenla segura y con mucha fuerza.

Esa manguera tira agua con energía.

Hurry, hurry, fire trucks!
Everybody clear the way.
Wee-ooo! Wee-ooo! Honk! Honk!
Fire trucks will save the day!

¡Vamos, camión de bomberos!
Todos despejen las vías.
¡Niinoo! ¡Niinoo! ¡Piii! ¡Piii!
¡El camión de bomberos salvará el día!

Look up there! What can they do?

Flames are shooting up so high.

Make way for the fire truck!

Its ladder lifts into the sky.

¡Mira hacia arriba! ¿Qué pueden hacer?

Las llamas se elevan muy lejos del suelo.

¡Abran camino para el camión de bomberos!

Su escalera se levanta muy alta hacia el cielo.

Hurry, hurry, fire trucks!
Everybody clear the way.
Wee-ooo! Wee-ooo! Honk! Honk!
Fire trucks will save the day!

¡Vamos, camión de bomberos!

Todos despejen las vías.

¡Niinoo! ¡Niinoo! ¡Piii! ¡Piii!

¡El camión de bomberos salvará el día!

Rumble, rumble. Head on back.

No more sirens. No more lights.

The fires are out, and all is well.

Fire trucks helped save lives tonight.

Vayan todos de regreso.

Sin sirenas. Sin las luces.

El incendio fue apagado; todo está bien.

Los bomberos salvaron vidas esta vez.

Hurry, hurry, fire trucks!
Everybody clear the way.
Wee-ooo! Wee-ooo! Honk! Honk!
Fire trucks will save the day!

¡Vamos, camión de bomberos!

Todos despejen las vías.

¡Niinoo! ¡Niinoo! ¡Piii! ¡Piii!

¡El camión de bomberos salvará el día!

SONG LYRICS
Fire Trucks / Camiones de bomberos

There's a fire! Call 9-1-1.
Firefighters slide down the pole.
Off they go to fight the flames.
Fire trucks, it's time to roll!

¡Hay un incendio! Llama al 9-1-1.
Por el poste los bomberos bajan.
En carrera para combatir las llamas.
¡Camión de bomberos, qué
    rápido viajas!

Hurry, hurry, fire trucks!
Everybody clear the way.
Wee-ooo! Wee-ooo! Honk! Honk!
Fire trucks will save the day!

¡Vamos, camión de bomberos!
Todos despejen las vías.
¡Niinoo! ¡Niinoo! ¡Piii! ¡Piii!
¡El camión de bomberos salvará
    el día!

Roll out hoses quickly now.
Start the water right away.
Hold on steady. Hold on strong.
Those hoses shoot a mighty spray.

Rueden la manguera rápidamente.
Prendan el agua enseguida.
Agárrenla segura y con mucha
    fuerza.
Esa manguera tira agua con energía.

Hurry, hurry, fire trucks!
Everybody clear the way.
Wee-ooo! Wee-ooo! Honk! Honk!
Fire trucks will save the day!

¡Vamos, camión de bomberos!
Todos despejen las vías.
¡Niinoo! ¡Niinoo! ¡Piii! ¡Piii!
¡El camión de bomberos salvará
    el día!

Look up there! What can they do?
Flames are shooting up so high.
Make way for the fire truck!
Its ladder lifts into the sky.

¡Mira hacia arriba! ¿Qué pueden
    hacer?
Las llamas se elevan muy lejos
    del suelo.
¡Abran camino para el camión
    de bomberos!
Su escalera se levanta muy alta
    hacia el cielo.

Hurry, hurry, fire trucks!
Everybody clear the way.
Wee-ooo! Wee-ooo! Honk! Honk!
Fire trucks will save the day!

¡Vamos, camión de bomberos!
Todos despejen las vías.
¡Niinoo! ¡Niinoo! ¡Piii! ¡Piii!
¡El camión de bomberos salvará
    el día!

Rumble, rumble. Head on back.
No more sirens. No more lights.
The fires are out, and all is well.
Fire trucks helped save lives tonight.

Vayan todos de regreso.
Sin sirenas. Sin las luces.
El incendio fue apagado; todo
    está bien.
Los bomberos salvaron vidas esta vez.

Hurry, hurry, fire trucks!
Everybody clear the way.
Wee-ooo! Wee-ooo! Honk! Honk!
Fire trucks will save the day!

¡Vamos, camión de bomberos!
Todos despejen las vías.
¡Niinoo! ¡Niinoo! ¡Piii! ¡Piii!
¡El camión de bomberos salvará
    el día!

Fire Trucks / Camiones de bomberos

Salsa
Salsana Music

Verse / Verso

1. There's a fi-re! Call 9-1-1. Fi-re-fight-ers slide down the pole. Off they go to fight the flames. Fi-re trucks, it's time to roll!

¡Hay un in-cen-dio! Lla-ma al nue-ve u-no u-no. Por el pos-te los bom-ber-os ba-jan. En carr-e-ra pa-ra com-ba-tir las lla-mas.

1, 2, 3.
¡Ca-mión de bom-be-ros, qué rá-pi-do via-jas!

4.
Los bom-be-ros sal-va-ron vi-das es-ta vez.

Chorus / Estribillo

Hur-ry, hur-ry, fi-re trucks! Eve-ry-bod-y clear the way. Wee-ooo! Wee-ooo! Honk! Honk! Fi-re trucks will save the day! ¡Va-mos, ca-mión de bom-be-ros! To-dos des-pe-jen las ví-as. ¡Nii-noo! ¡Nii-noo! ¡Piii! ¡Piii! El ca-mión de bom-be-ros sal-va-rá el dí-a!

Verse / Verso 2
Roll out hoses quickly now.
Start the water right away.
Hold on steady. Hold on strong.
Those hoses shoot a mighty spray.

Rueden la manguera rápidamente.
Prendan el agua enseguida.
Agárrenla segura y con mucha fuerza.
Esa manguera tira agua con energía.

Chorus / Estribillo

Verse / Verso 3
Look up there! What can they do?
Flames are shooting up so high.
Make way for the fire truck!
Its ladder lifts into the sky.

¡Mira hacia arriba! ¿Qué pueden hacer?
Las llamas se elevan muy lejos del suelo.
¡Abran camino para el camión de bomberos!
Su escalera se levanta muy alta hacia el cielo.

Chorus / Estribillo

Verse / Verso 4
Rumble, rumble. Head on back.
No more sirens. No more lights.
The fires are out, and all is well.
Fire trucks helped save lives tonight.

Vayan todos de regreso.
Sin sirenas. Sin las luces.
El incendio fue apagado; todo está bien.
Los bomberos salvaron vidas esta vez.

Chorus / Estribillo

GLOSSARY / GLOSARIO

hoses—long, bendy tubes that water sprays through

mangueras—tubos largos y flexibles que rocían agua

ladders—pieces of equipment that firefighters can climb to get up high

escaleras—piezas de equipo que los bomberos pueden escalar para subir muy alto

pole—a bar that goes from one story to another in a fire station. Firefighters slide down the pole to get downstairs fast.

poste—una barra que va de un piso hacia otro en una estación de bomberos. Los bomberos se deslizan por el poste para bajar al otro piso rápidamente

sirens—alarms on fire trucks that let drivers know a truck is speeding by

sirenas—alarmas en los camiones de bomberos que anuncian a los conductores que un camión está pasando rápidamente

CRITICAL THINKING QUESTION

What sounds does a fire truck make? Dance like a fire truck. Move your body to the sound of a siren. Unroll your hoses. Stretch your ladder to the sky. Play the song again, and do your funky dance!

PREGUNTA DE PENSAMIENTO CRÍTICO

¿Qué sonido hace un camión de bomberos? Baila como un camión de bomberos. Mueve tu cuerpo al sonido de la sirena. Desenrolla tus mangueras. Estira tu escalera hacia el cielo. Toca la canción nuevamente, ¡y baila animadamente!

FURTHER READING / OTROS LIBROS

Austin, Mike. *Fire Engine No. 9*. New York: Random House, 2016.

Barbieri, Gladys. *Pink Fire Trucks/Los camiones de bomberos de color rosado*. Savannah, GA: Castlebridge Books, 2013.

De Sève, Randall. *A Fire Truck Named Red*. New York: Farrar Straus Giroux, 2016.